# माहवारी स्वास्थ्य

## आओ अपने शरीर को जाने

मधु कुशवाहा
आभा मौर्या

Manda Publishers .com

Title: माहवारी स्वास्थ्य: आओ अपने शरीर को जाने


First Published by Manda Publishers in 2022

**ISBN: 978-93-90447-89-3**
**Price in INR:**
**Manda Publishers**
**www.mandapublishers.com**
publishmandapublishers.com
+91 9999190496

**Cover Design:**
Tanmay Raj Anand
Tanya

**Distributed by:**
*Amazon, Flipkart, Manda Publishers etc.*

**Printer:**
Repro

# आमुख

हम एक ऐसे समाज में रहते हैं जहाँ एक ओर जेंडर समानता की बातें हो रही हैं, वहीं दूसरी ओर हम माहवारी से सम्बंधित कई भ्रांतियों, मिथकों एवं वर्जनाओं का पालन  कर रहे हैं। यह बहुत ही विडंबनापूर्ण है कि यदि किसी स्त्री या किशोरी को माहवारी होती है तो उसे अशुद्ध माना जाता है और यदि नहीं होती है तो उसे दुर्भाग्यपूर्ण माना जाता है। माहवारी एक प्राकृतिक जैविक प्रक्रिया है जो कि सभी स्त्रियों और किशोरियों में होती  है, परन्तु हमारे समाज में इसे शर्म का विषय माना जाता है जिस पर खुल कर कोई चर्चा नहीं होती है। समाज में व्याप्त माहवारी से सम्बंधित कलंक और वर्जनाएं महिलाओं और किशोरियों के स्वाभिमान, आत्म-छवि, स्वास्थ्य एवं शिक्षा को कुप्रभावित करते हैं।

भारत में स्कूली शिक्षा व्यवस्था के तहत माहवारी शिक्षा उपेक्षित विषय है और बहुत कम स्कूल बोर्ड की पाठ्यपुस्तकों में माहवारी के बारे में बात की जाती  है और कुछ बोर्ड की पाठ्यपुस्तकों जिसमें माहवारी पर आधारित पाठ हैं वे भी मुख्य रूप से माहवारी के जैव-शारीरिक पहलुओं और स्वच्छता पर केंद्रित है। यह अपर्याप्त है क्योंकि माहवारी जैव-शारीरिक के साथ-साथ सामाजिक-सांस्कृतिक और धार्मिक मुद्दा भी है। हमारा अध्ययन यह भी बताता है कि माहवारी संबंधी पाठ (यदि यह पुस्तक में दिया गया है) को शिक्षक/शिक्षिका कक्षा में पढ़ाने से कतराते हैं और बहुधा विद्यार्थियों को खुद से पढ़ लेने को कहते हैं।

माहवारी के मुद्दे पर सरकारी और निजी संस्थाओं के कार्य मुख्यतः माहवारी के प्रबंधन से सम्बंधित रहे हैं, जैसे- पैड का वितरण, पैड बनाने की ट्रेनिंग, जागरूकता कैंप आदि।  इस विषय पर कुछ पुस्तिकाएँ भी उपलब्ध हैं परन्तु ये भी माहवारी से सम्बंधित भ्रांतियों को दूर करने में असफल रही हैं, तथा हिन्दी भाषा में युवा किशोरियों के लिए शिक्षण सामग्री का अभाव है। अतः लेखिका द्वय ने यह महसूस किया कि युवा लड़कियों को  माहवारी और इसके प्रबंधन की शिक्षा की बहुत ज्यादा जरुरत है और साथ ही माहवारी से जुड़े सामाजिक-धार्मिक कलंक और मिथकों को दूर करने हेतु हिन्दी भाषा में शिक्षण सामग्री की नितांत आवश्यकता है।

यह स्व-अनुदेशनात्मक  पुस्तिका तीन उपभागों में विभाजित है, 1) माहवारी का तथ्यात्मक ज्ञान, 2) माहवारी का प्रबंधन और बरती जाने वाली सावधानियों का ज्ञान और 3) माहवारी से जुडी गलत धारणाओं का खंडन। प्रत्येक खंड के अंत में एक परीक्षण दिया गया है, जिसके माध्यम से पाठिका/पाठक अपनी सीखने की प्रगति की खुद जांच कर सकती हैं।

हम यह आशा करती हैं कि इस पुस्तिका से लड़कियां माहवारी और माहवारी के प्रबंधन के संबंध में वैज्ञानिक, तथ्यपरक ज्ञान प्राप्त कर सकेंगी और साथ ही यह पुस्तिका उन्हें समाज में व्याप्त माहवारी से

जुडी गलत धारणाओं और वर्जनाओं पर सवाल उठाने की क्षमता प्रदान करेगी। माहवारी के इर्द-गिर्द व्याप्त 'शर्म और चुप्पी की दीवार' को तोड़ना भी इस पुस्तिका का उद्देश्य है।

यद्यपि यह स्व-अनुदेशनात्मक पुस्तिका किशोरियों के लिए लिखी गई है पर इसका प्रयोग शिक्षक/शिक्षिका, अभिभावक, किशोरवय लड़कों सहित हर वह व्यक्ति कर सकते हैं जो माहवारी के बारे में जानने के लिए इच्छुक हैं और इसके शिक्षण हेतु प्रयासरत हैं।

यह स्व-अनुदेशनात्मक पुस्तिका शिक्षा संकाय, काशी हिन्दू विश्वविद्यालय में डॉक्टरेट उपाधि हेतु किए गए शोध का परिणाम है। इस शोध के लिए वित्तीय सहायता विश्वविद्यालय अनुदान आयोग द्वारा प्रदत्त जूनियर रिसर्च फ़ेलोशिप के रूप में प्राप्त हुई। हम लेखिका द्वय उन सभी किशोरियों का आभार व्यक्त करते हैं जिन्होंने इस स्व-अनुदेशनात्मक पुस्तिका के निर्माण और मानकीकरण की प्रक्रिया में धैर्यपूर्वक प्रतिभाग किया।

पुस्तिका के निर्माण के दौरान शुरुआती प्रारूपों पर प्राप्त सुझावों के लिए हम हिंदी भाषा विशेषज्ञों, शिक्षाविदों, स्त्री-रोग विशेषज्ञ और स्त्री स्वास्थ्य के मुद्दे पर कार्यरत स्वयं सेवी संस्थाओं के आभारी हैं।

**मधु कुशवाहा**

**आभा मौर्या**

# विषय सूची

माहवारी का वास्तविक ज्ञान - 09

माहवारी के दौरान सही इंतजाम और बरती
जाने वाली सावधानियाँ - 27

माहवारी से जुडी गलत धारणाएँ - 40

**प्रिय किशोरियों,**

आप सोच रही होंगी कि मै आपको "**किशोरियों**" से क्यों संबोधित कर रही हूँ? क्योंकि आप जीवन की जिस अवस्था में पहुँच गयी हैं उसे हम किशोरावस्था कहते हैं अर्थात् बचपना से वयस्कता की ओर; किशोरावस्था जीवन की वह महत्वपूर्ण अवस्था है जिसकी शुरुआत 11 से 13 वर्ष की आयु में हो जाती है। इस अवस्था में लड़के और लड़कियाँ वयस्कता की ओर बढ़ते हैं। इस दौरान शारीरिक संरचना, स्वभाव और जीवनशैली में कई परिवर्तन होते हैं।लड़कों में किशोरावस्था की विशेष पहचान लिंग से वीर्य का निकलना (Ejaculation) और लड़कियों में माहवारी (Menstruation) होता है।

बच्चों,अक्सर हम माहवारी या पीरियड्स के बारे में सुनते हैं या कभी-कभी नहीं भी सुनते और इससे जुड़ी आधी-अधूरी जानकारियों से परिचित होकर उसका जीवन भर पालन करते हैं। जिसकी वजह से हमें अक्सर कई मुश्किलों का सामना करना पड़ता है।

**अतः इस पुस्तिका को पढ़ने के बाद आपको-**

1. **माहवारी का वास्तविक ज्ञान हो सकेगा।**
2. **माहवारी के दौरान सही इंतजाम और बरती जाने वाली सावधानियों का ज्ञान हो सकेगा।**
3. **माहवारी से जुड़ी गलत धारणाओं का ज्ञान हो सकेगा।**

# माहवारी का वास्तविक ज्ञान

यह कहानी है ग्यारह वर्षीय प्रिया की जो रामपुर में अपने माता-पिता के साथ रहती है। प्रिया की माता नीता और पिता सोहन प्राइमरी विद्यालय में पढ़ाते हैं। प्रिया अपने घर के पास के राजकीय कन्या इंटरमीडिएट स्कूल में कक्षा 6 में पढ़ती है।

एक बार प्रिया स्कूल से आकर माता-पिता के साथ अपना पसंदीदा कार्टून शो देख रही थी। कार्टून शो में ब्रेक के दौरान "सैनिटरी नैपकिन" का विज्ञापन आ रहा था।

अक्सर सैनिटरी नैपकिन के विज्ञापन को देखकर प्रिया के मन में हजारों सवाल उठते कि यह क्या होता है? अतः आज उसने मन ही मन यह फैसला कर ही लिया कि वह अपने माता-पिता से इसके बारे में पूछेगी।

**प्रिया**-मम्मी ये सैनिटरी नैपकिन क्या होता है?

**नीता**-जिस तरह नाक व हाथ पोंछने के लिए हम तुम्हें नैपकिन देते हैं उसी तरह यह नैपकिन भी है, बस फर्क इतना है कि सैनिटरी नैपकिन/पैड पीरियड्स या माहवारी (Menstruation) के दौरान एक लड़की के योनि से बहने वाले रक्त को सोखने के काम आता है।

**प्रिया**-पीरियड्स? मम्मी यह क्या होता है, पहले तो कभी नहीं सुना इसके बारे में?

**नीता**-बेटी, जब लड़की किशोरावस्था में प्रवेश करती है (आमतौर पर ग्यारह से तेरह वर्ष के बीच) तब पीरियड्स या माहवारी चक्र शुरू होता है। मैं जानती हूँ कि तुम्हारे मन में हजारों सवाल उठ रहे हैं, इन

सब बातों पर चर्चा करने के लिए ही कल तुम्हारे स्कूल में किसी एन. जी. ओ. (गैर सरकारी संस्था) से एक बहन जी आ रही हैं जिसमें सभी छात्राओं को उनके माता-पिता के साथ बुलाया गया है।

**प्रिया**-ठीक है मम्मी।

**अगले दिन स्कूल में** –

**स्कूल टीचर**-बच्चों, यह रजनी मैडम हैं, जो आपको आज पीरियड्स या माहवारी से जुड़ी हर तरह की जानकारियाँ देंगी। इनका अभिवादन कीजिए।

**सभी लोग**-गुड मॉर्निंग मैडम!

**रजनी**-गुड मॉर्निंग बच्चों और आप सभी अभिभावकों को बहुत-बहुत धन्यवाद जो आप अपनी बच्चियों के साथ यहाँ आए।

बच्चों प्रकृति में जिस प्रकार-

**सूरज हर रोज उगता है और हमें रोशनी देता है,**

**एक बीज बड़े से पौधे में परिवर्तित होकर हमें फूल और फल देता है,**

**उसी प्रकार एक छोटी बच्ची भी युवती बनती है,**

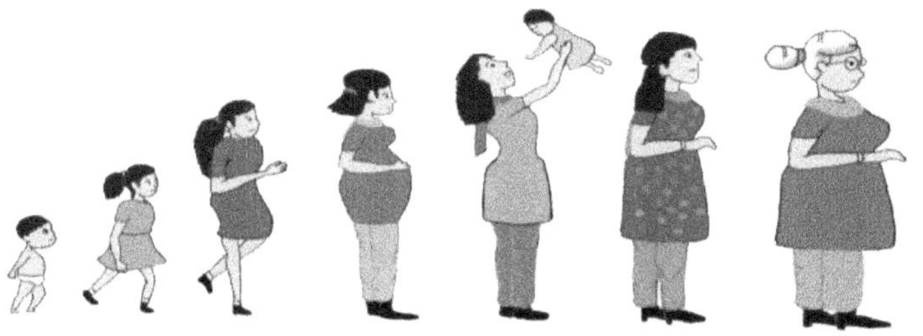

और इस दौरान हमारे शरीर में कई परिवर्तन होते हैं। पता है बच्चों एक छोटी सी बच्ची से युवती बनने का सफ़र बहुत रोमांचक होता है।

**प्रिया**-पर मैडम हम लोग बड़े कैसे होते हैं?

**रजनी**- हम लोग पीयूष ग्रंथि की वजह से बड़े होते हैं।

**रीता**- पीयूष ग्रंथि! यह क्या होती है?

**रजनी**-पीयूष ग्रंथि आपके दिमाग के निचले हिस्से में एक छोटी ग्रंथि होती है। जब बढ़ने का समय आता है तो पीयूष ग्रंथि आपके शरीर में एक रसायन स्रावित करती है जिन्हें हार्मोन्स कहते हैं। यह रसायन शरीर के विभिन्न अंगों को विकसित करता है और जिसकी वजह से आप कई प्रकार के शारीरिक एवं भावनात्मक दौर से गुजरते हैं।

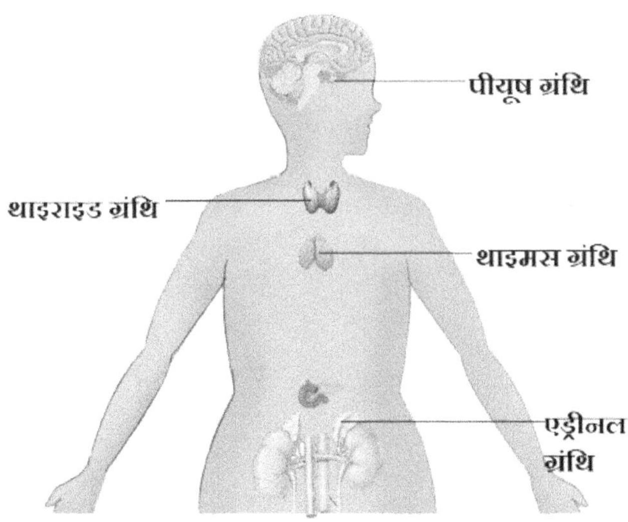


***चित्र 1-मनुष्य में पीयूष ग्रंथि***

**रिंकी**-किस प्रकार का बदलाव मैडम? हमें कैसे पता चलेगा की हम बड़े हो रहे हैं?

**रजनी**-बच्चों बड़े होने को हम यौवन या प्यूबर्टी (puberty) कहते हैं। जो 11 से 13 वर्ष की आयु में शुरू होता है इसलिए इस उम्र के बच्चों को किशोर/किशोरी भी कहते हैं, और इस अवस्था को किशोरावस्था कहते हैं।

**प्रिया**- मैडम प्यूबर्टी और किशोरावस्था में क्या अंतर है ?

**रजनी**-

| प्यूबर्टी (Puberty) | किशोरावस्था (Adolescence) |
|---|---|
| **वह प्रक्रिया है जो किशोर या किशोरी को लैंगिक परिपक्वता (maturity) की ओर ले जाता है।** | **बचपन और वयस्कता के बीच की मनोवैज्ञानिक एवं सामाजिक अवधि को कहा जाता है** |

**अतः बच्चों, लड़कियों में बड़े होने के निम्न संकेत हैं-**

शरीर का तेजी से विकास होना

स्तनों का विकास होना

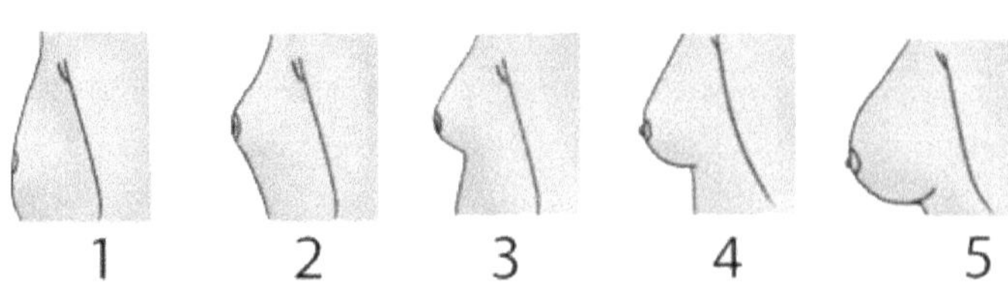

कांख में बाल आने लगना

यौनांगों में बाल आने लगना एवं कमर पतली एवं कुल्हे चौड़े होने लगना

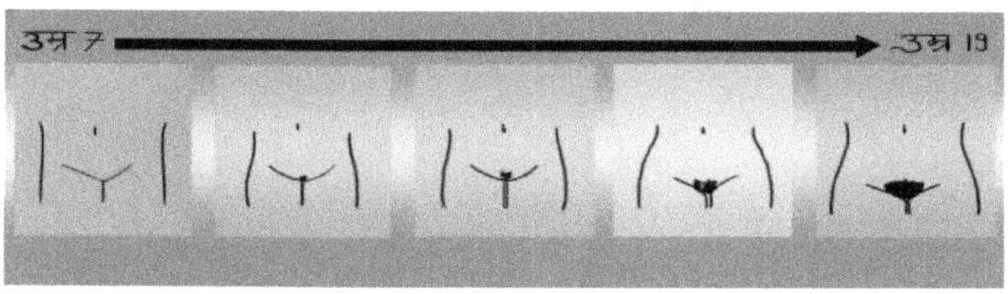


त्वचा तैलीय हो जाना और मुंहासे  निकलना

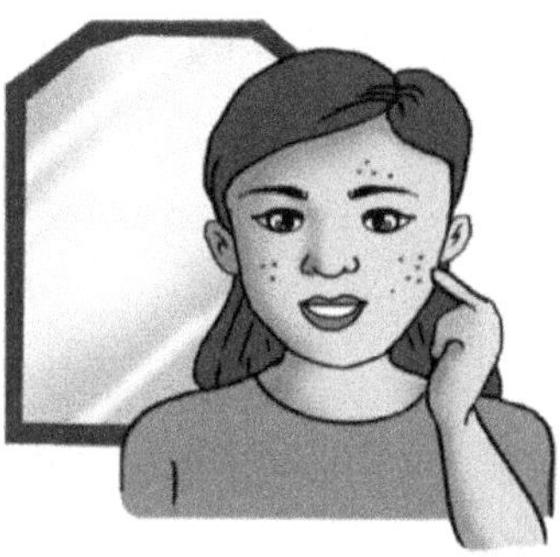

मन में भावुकता, मन का बदलना और आकर्षण आना

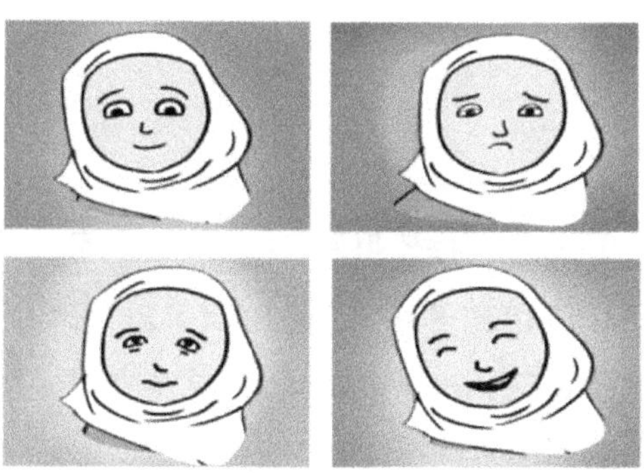

**पर बच्चों क्या आपको पता है बड़े होने का बड़ा और अहम् संकेत क्या होता है?**

**पिंकी**-पीरियड्स! क्योंकि जब से मुझे यह आना शुरू हुआ है मम्मी कहती हैं कि अब तुम बड़ी हो गयी हो।

**रजनी**- बहुत अच्छे पिंकी!

**प्रिया**- पर मैडम पीरियड्स होता क्या है?

**रजनी**-बच्चों, पीरियड्स या माहवारी, योनि से हर माह 3 से 7 दिनों तक खून बहने को कहते हैं।

**प्रिया**- मैडम योनि वही स्थान है न जहाँ से हम पेशाब करते हैं।

**रजनी**- नहीं प्रिया, योनि अलग होती है। दरअसल, हमारी टांगों के बीच तीन छिद्र होते हैं।

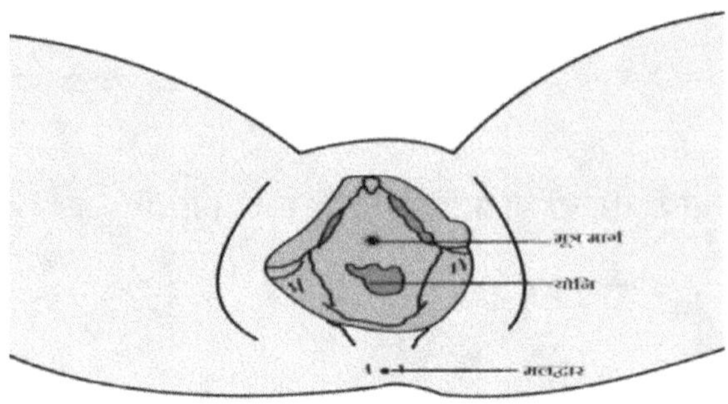


- सबसे ऊपर **मूत्रमार्ग** होता है, जिससे पेशाब बाहर आता है।
- बीच में **योनि** होती है जोकि मूत्रमार्ग से थोड़ी बड़ी होती है। यहीं से बच्चे का जन्म होता है
- और सबसे नीचे **मलद्वार** होता है, यहाँ से शरीर का मल बाहर आता है।

**शबीना**-अरे, मैं तो अब तक ये समझती थी कि माहवारी के दिनों में जो खून निकलता है वह मूत्रमार्ग से आता है।

**रजनी**-बच्चों अब तो कोई शंका नहीं है न योनि और मूत्रमार्ग में?

**बच्चे**-नहीं मैडम!

**रीता**- मैडम पीरियड्स क्यों और कैसे होता है?

**रजनी**-आमतौर पर हर लड़की को 11 से 13 वर्ष की आयु में पीरियड्स या माहवारी शुरू हो जाती है। यह एक महत्वपूर्ण प्रक्रिया है जिसकी वजह से हमें यह जीवन मिला है या यूँ कह सकते हैं कि माहवारी के शुरू होने से हमारा शरीर शिशु पैदा करने की तैयारी करने लगता है अतः माहवारी भविष्य में माँ बनने का संकेत होता है।

बच्चों, क्या आप जानते हैं शरीर में बच्चे कहाँ बनते हैं?

**सुनीता**-पेट

**रिंकी**- पेट

**रीता**-पेट

**पिंकी**- गर्भाशय

**रजनी**- बिलकुल सही पिंकी! स्त्रियों में नाभि के नीचे शरीर के अन्दर मादा या स्त्री प्रजनन अंग स्थित होता है। मादा प्रजनन अंग के निम्न भाग है- एक जोड़ा अंडाशय (ovary), एक जोड़ा फैलोपियन ट्यूब (fallopian tube) एवं एक गर्भाशय (uterus)।

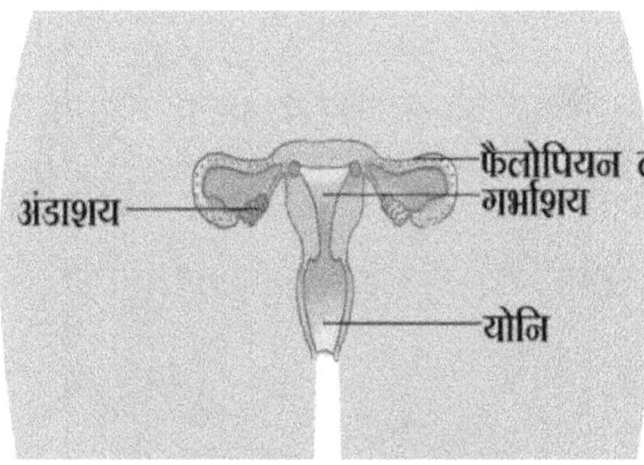


***चित्र 2- स्त्री या मादा प्रजनन अंग***

बढ़ती हुई एक उम्र के बाद हमारा गर्भाशय भविष्य में होने वाले शिशु की तैयारी करने लगता है, इसके लिए हर महीने गर्भाशय की भीतरी सतह पर खून और नर्म ऊतक की परत बनती है। ये परत बच्चे के पोषण करने के लिए जरुरी होती है। लेकिन जब तक आप गर्भवती नहीं होती तब तक आपके गर्भाशय को ये नर्म ऊतक और खून की परत की जरुरत नहीं होती है।

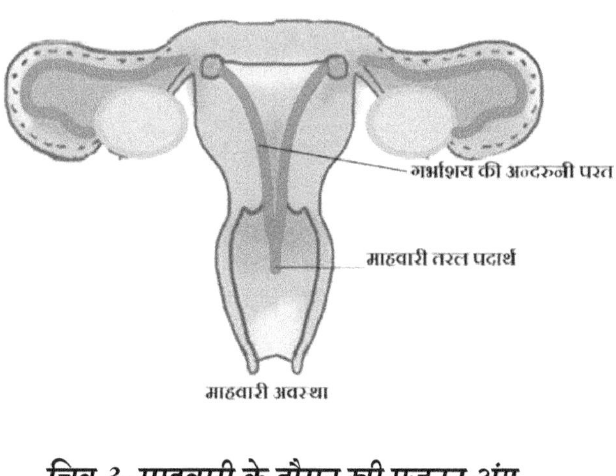


***चित्र 3- माहवारी के दौरान स्त्री प्रजनन अंग***

इसीलिए हर महीने ये नर्म ऊतक और रक्त/खून की परत योनि से बाहर निकलती है, जिसे हम पीरियड्स या माहवारी कहते हैं।

**शबीना**-– अच्छा अब समझ में आया कि पीरियड्स में खून क्यों आता है? पर मैडम क्या खून निकलने से हमें कोई नुकसान नहीं होता ?

**रजनी**- बिलकुल नहीं शबीना बल्कि पीरियड्स यह दर्शाता है कि आप स्वस्थ हैं और सही तरह से बढ़ रही हैं।

**प्रिया**- मैडम क्या गर्भावस्था के दौरान पीरियड्स नहीं होता है?

**रजनी**- नहीं प्रिया।

**रजनी**- चलो, अब हम पूरे माहवारी चक्र को इस चित्र के माध्यम से समझते हैं।

बच्चों सामन्यतः माहवारी चक्र 28 दिन का होता है परन्तु कभी-कभी 21 से 35 दिन का भी हो सकता है। इन 28 से 35 दिन के अन्दर हमारे शरीर में कई हार्मोनल बदलाव होते हैं।

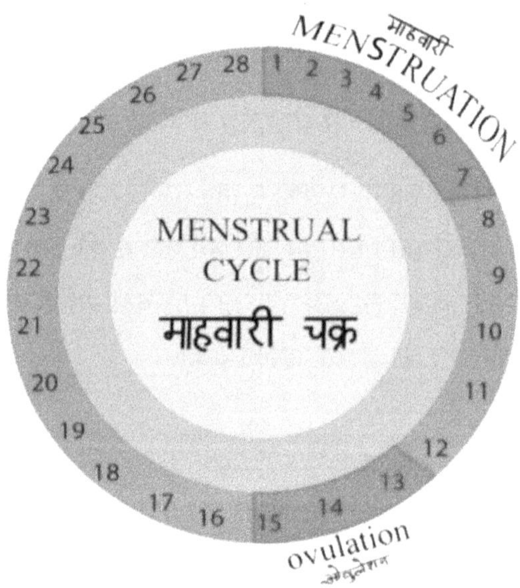


***चित्र 4- माहवारी चक्र***

1. 3 से 7 दिन तक खून बहता है, उसे माहवारी कहते हैं
2. 8वें से 12वें दिन अंडा बनाने की तैयारी के लिए गर्भाशय की परत मोटी होने लगती है,
3. माहवारी शुरू होने के 13वें से 15वें दिन तक ओवुलेशन (ovulation) होता है, अतः अंडा निकलता है
4. यदि निषेचन (fertilization) नहीं होता तो 18वें से 25वें दिन गर्भाशय की परत घुलने लगती है,

5. 25वें से 28वें दिन तक गर्भाशय की नर्म उत्तक की परत अलग हो जाती है जो कि माहवारी की प्रक्रिया शुरू करती है

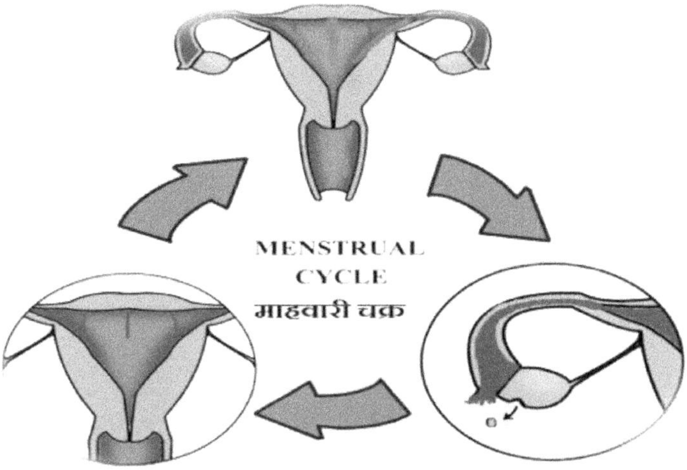


*चित्र 5- माहवारी चक्र*

**और इस प्रकार हर माहवारी चक्र (Menstrual cycle) या जिसे M.C भी कहते हैं पूरा होता है.**

**रिंकी**- मैडम निषेचन (fertilization) क्या होता है?

**रजनी**-बच्चों प्रत्येक ओवरी में हजारों अंड कोशिकाएं या अंडाणु या ova होती हैं।

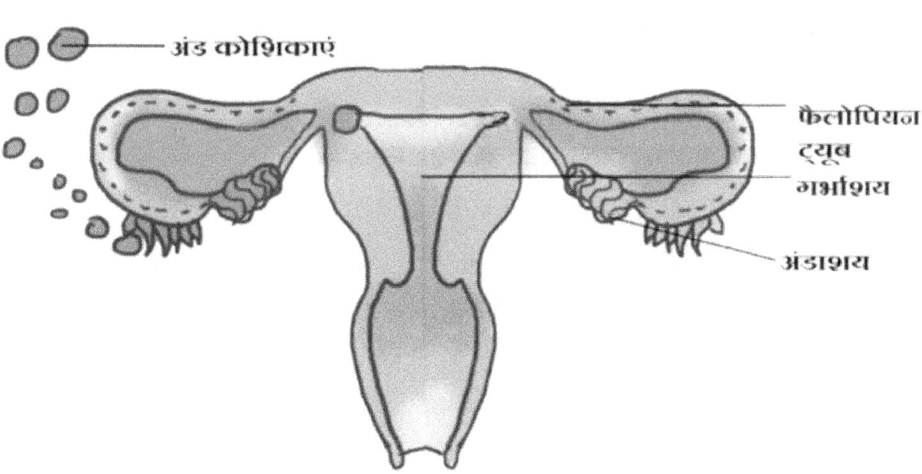


*चित्र 6- मादा प्रजनन अंग में अंड कोशिकाएं*

बच्चों, क्या आप जानते हैं इन कोशिकाओं का क्या कार्य है?

**बच्चे**- नहीं मैडम

**रजनी**-दरअसल इन कोशिकाओं से ही शिशु बनता है। आओ इस पूरी प्रक्रिया को समझते हैं।

बच्चों, स्त्रियों की तरह पुरुषों में भी पेट के नीचे अंडे के आकार का एक जोड़ा वृषण (Testis) होता है,जो शुक्राणु (sperm) उत्पन्न करता है।

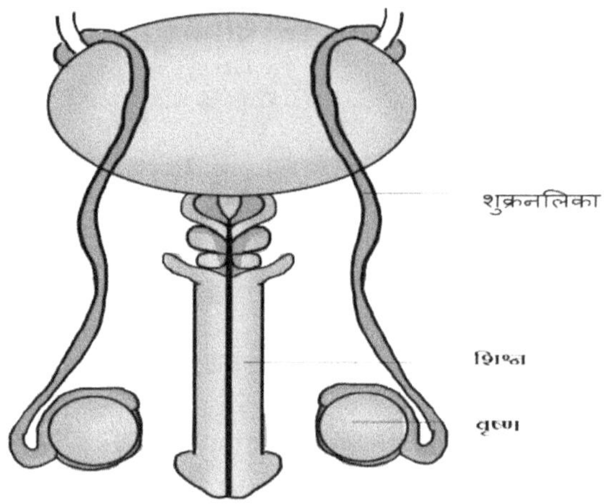


***चित्र 7-पुरुष या नर प्रजनन अंग***

इससे जुड़ी हुई एक जोड़ी शुक्रनलिका (seminal duct) होती हैं जिससे शुक्राणु (sperm) गति करता हुआ शिश्न (penis) के माध्यम से बाहर निकलता है। शुक्राणु (sperm) लाखों की संख्या में निकलते हैं।

जैसा कि मैंने पहले ही बताया था कि पीयूष ग्रंथि हार्मोन्स स्रावित करती है जिसकी वजह से हम बढ़ते हैं। जब आप किशोरावस्था की ओर बढ़ने लगती हैं तब पीयूष ग्रंथि हर माह नए तरह के हार्मोन्स स्रावित करने लगती है। और यह हार्मोन्स किसी एक अंडाशय से एक अंडाणु (ova) रिलीज़ करता है जिसे हम ओवुलेशन कहते है। इसका मतलब है कि प्रत्येक माह स्त्री के एक अंडाशय से एक तैयार (mature) अंडाणु फैलोपियन ट्यूब में पहुँचता है। फैलोपियन ट्यूब में जब शुक्राणु आकर अंडाणु से मिल जाता है तो इस क्रिया को ही निषेचन कहते हैं।

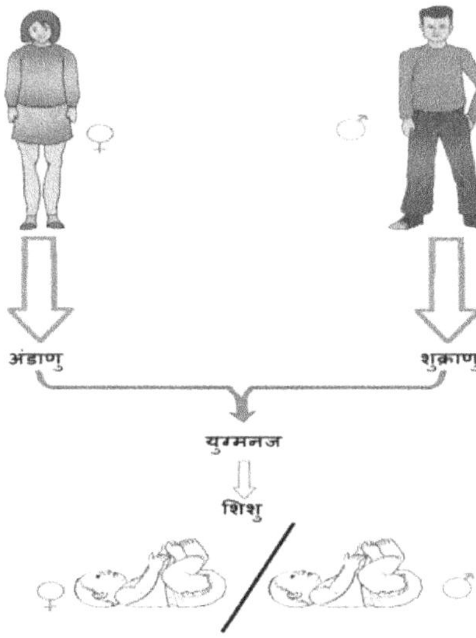


*चित्र 8- निषेचन प्रक्रिया*

निषेचन के बाद यह संरचना गति करते हुए गर्भाशय में आकर रोपित हो जाता है।

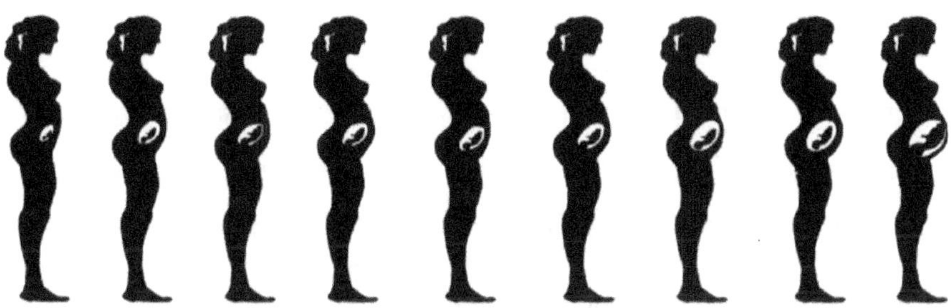

*चित्र 9- स्त्री में गर्भधारण*

निषेचित अंडाणु को युग्मनज (zygote) कहते हैं, जो भ्रूण में परिवर्तित हो जाता है। जब भ्रूण विकसित होते हुए सभी अंगों का निर्माण कर लेता है तब यह अवस्था गर्भ कहलाती है। गर्भ का पूरा विकास होने पर 9 माह बाद माँ शिशु को जन्म देती है।

**पिंकी**- मैडम मेरा पीरियड्स शुरू हो गया है, इसका मतलब क्या मैं भी गर्भवती हो सकती हूँ?

**रजनी**- पिंकी अभी तुम बहुत छोटी हो और तुम्हारा शरीर अभी गर्भावस्था के लिए तैयार हो रहा है। गर्भ धारण करने के लिए कम से कम तुम्हारी आयु बीस वर्ष की होनी चाहिए।

**प्रिया**-मैडम आपने बताया कि पीरियड्स हमें हर माह आता है परन्तु क्या हम यह पहले से जान सकते हैं कि हमारा पीरियड्स अगली बार कब आने वाला है?

**रजनी**– बिलकुल जान सकते हैं प्रिया। हर लड़की को उसका पीरियड्स नियमित अवधि पर आता है। परन्तु इसे समझने से पहले आपको माहवारी चक्र के बारे में पता होना चाहिए, जो कि आपको पहले ही बता दिया गया है। यह अवधि माहवारी चक्र की अवधि होती है।

आइए इसे एक उदाहरण से समझते हैं।

मान लीजिए आपका पीरियड्स 11 जनवरी को आया था और अगली बार आपको 8 फरवरी को आया तो आपके पीरियड्स की अवधि 11 जनवरी से 7 फरवरी की होगी। अतः आपका माहवारी चक्र 28 दिन का होगा और आपको हर 28 दिन बाद पीरियड्स होने की सम्भावना है।

**पिंकी**- अरे वाह! इस तरह मैं हर महीने अपने पीरियड्स की तारीख जान सकती हूँ।

**सुनीता**- पर मैडम मेरा पीरियड्स तो हर 24 दिन बाद ही आ जाता है।

**रजनी**- हाँ सुनीता, हर लड़की की माहवारी चक्र की अवधि अलग होती है। माहवारी चक्र की अवधि 24 से 30 दिन की हो सकती है। अगर आपकी माहवारी 10 दिन से ज्यादा या 3 दिन से कम चले या पीरियड्स में खून इतना ज्यादा बहे कि हर घंटा पैड/कपड़ा बदलना पड़े या खून की बड़ी-बड़ी टुकड़ियाँ निकले तो आपको तुरंत डॉक्टर से संपर्क करना चाहिए।

**प्रिया**- मैडम मैं 11 वर्ष की हूँ पर मेरा तो पीरियड्स अभी शुरू ही नहीं हुआ। क्या पीरियड्स शुरू होने के भी कोई संकेत होते हैं?

**रजनी**- हाँ क्यों नहीं होते हैं प्रिया? शारीरिक बदलाव के अलावा जब आपकी योनि से सफ़ेद पानी जैसा पदार्थ निकलने लगे तो यह एक अच्छा संकेत होता है माहवारी शुरू होने का।

**शबीना**- पर मैडम मेरे पड़ोस में नाजिया दीदी रहती हैं उनकी उम्र 18 वर्ष है उनमें सभी प्रकार के शारीरिक बदलाव आ चुके हैं पर उनका तो पीरियड्स नहीं आता है। ऐसा क्यों?

**रजनी**- शबीना, कुछ लोगों को पीरियड्स देर से शुरू होता है। क्योंकि सबके शरीर की वृद्धि अलग होती होती है। यह एक हार्मोनल क्रिया है। इसीलिए बचपन से ही पौष्टिक आहार लेना चाहिए। और जब पीरियड्स शुरू होने में देरी हो तो हमें डॉक्टर से संपर्क करना चाहिए।

**रीता**- मैडम पीरियड्स के पहले और बाद में सफेद पानी क्यों आता है?

**रजनी**-यह सामान्य बात है, पर यदि स्राव अधिक मात्रा में या गाढ़ा बदबूदार हो तो डॉक्टर से संपर्क करना चाहिए।

**शबीना**- क्या ये पीरियड्स हमें सारी उम्र होंगे?

**रजनी**-नहीं शबीना, पीरियड्स 45 से 55 साल की उम्र के बीच अपने आप बंद हो जाता है। इसे मेनोपॉज़ (menopause) कहते हैं। बच्चों, क्या आपको पता है जब हमें पहली बार पीरियड्स होता है तो इसे क्या कहते हैं?

**सुनीता**- नहीं मैडम।

**रजनी**-इसे मीनार्च (menarche) कहते हैं।

**प्रिया**- तो इसका मतलब हमारी मम्मी को भी पीरियड्स होता है।

**रजनी**-हाँ, प्रिया जब तक आपकी मम्मी 45 से 55 वर्ष की नहीं हो जातीं तब तक उनको यह होता रहेगा।

**रिंकी**- मैडम क्या लड़कों को भी पीरियड्स होता है?

**रजनी**- नहीं रिंकी यह प्रक्रिया सिर्फ लड़कियों में होती है।

**प्रिया**- ऐसा क्यों मैडम?

**रजनी**- क्योंकि लड़कों में गर्भाशय नहीं होता है। जैसा कि मैंने पहले ही बताया था कि लड़कों का जननांग लड़कियों के जननांग से अलग होता है।

**शबीना**- मैडम, तब लड़कों में बड़े होने के क्या लक्षण होते हैं?

**रजनी**- लड़कों में बड़े होने के लक्षण निम्न हैं-

- शरीर का तेजी से विकास होना
- कांख में, यौन अंगों के पास ,चेहरे और छाती पर बाल उगना
- आवाज़ का भारी होना
- लिंग से वीर्य का निकलना (Ejaculation)
- स्वप्न दोष (सोते समय लिंग से वीर्य का निकलना)

## आपने क्या सीखा?

**1-निम्नलिखित प्रश्नों के सामने चार उत्तर दिए गए हैं, सही उत्तर पर निशान लगाओ-**

**i)-हम किस ग्रंथि की वजह से बड़े होते हैं?**

अ) एड्रीनल (adrenal) ब) थाइमस (thymas)

स) पीयूष (pituitary) द) थाईराइड (thyroid)

**ii)-लड़कियों में यौवन (Puberty) का बड़ा और अहम् संकेत क्या होता है?**

अ) स्तनों का विकास होना ब) पीरियड्स या माहवारी

स) कांख में बाल आने लगना. द) यौनांगों में बाल आने लगना एवं कमर पतली एवं कुल्हे चौड़े होनें लगना

**iii)-पीरियड्स या माहवारी के दौरान हर माह 3 से 7 दिनों तक खून शरीर के किस भाग से बहता है?**

अ) मूत्रमार्ग (urethra) ब) योनि (vagina)

स) मलद्वार (rectum) द) निम्न में कोई नहीं

**iv)-मादा प्रजनन अंग के किस भाग में हजारों अंड कोशिकाएं (ova) पायी जाती हैं?**

अ) अंडाशय(ovary) ब) गर्भाशय (uterus)

स) फैलोपियन ट्यूब (fallopian tube) द) योनि (vagina)

**v) 45 से 55 साल की उम्र के बीच माहवारी /पीरियड्स अपने आप बंद हो जाता है। इस प्रक्रिया को क्या कहते हैं?**

अ) मीनार्च (menarche) ब) मीनोपॉज (menopause)

स) डिसमेनोरिया (dysmenorrhea) द) निम्न में कोई नहीं

**2-निम्नलिखित प्रश्नों में सही या गलत पर निशान लगाएं-**

i)-पीरियड्स या माहवारी एक हार्मोनल प्रक्रिया है। **सही**/ **गलत**

ii)-नियमित पीरियड्स यह दर्शाता है कि आप अस्वस्थ हैं और सही तरह से नहीं बढ़ रही हैं। सही/ गलत

iii)-गर्भावस्था के दौरान पीरियड्स नहीं होता है सही/ गलत

**3-रिक्त स्थानों की पूर्ति कीजिए-**

i)-पीयूष ग्रंथि एक रसायन स्रावित करती है जिसे हम ..................................................कहते हैं।

ii)-वृषण (testis) ............................................. उत्पन्न करता है।

iii)-लड़कों को पीरियड्स नहीं होता है क्योंकि उनमें ............................................नहीं होता है।

iv)-फैलोपियन ट्यूब में शुक्राणु आकर अंडाणु से मिल जाता है, इस क्रिया को ……….......................... कहते हैं।

**4-निम्नलिखित चित्रों अंगों के नाम लिखिए -**

**i)-स्त्री प्रजनन अंगों के नाम लिखिए -**

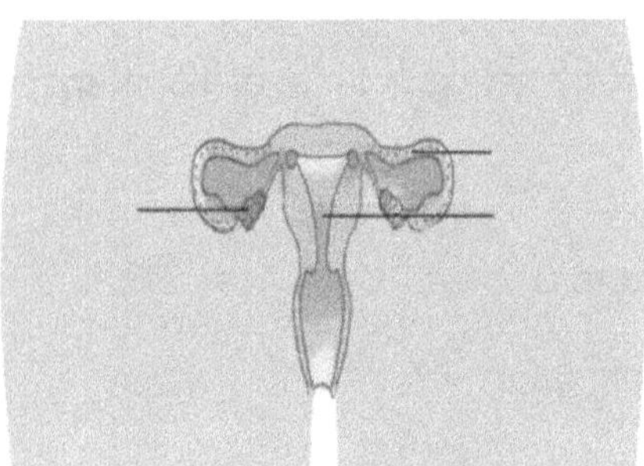

**ii)-माहवारी चक्र के दौरान की प्रक्रिया के नाम लिखिए -**

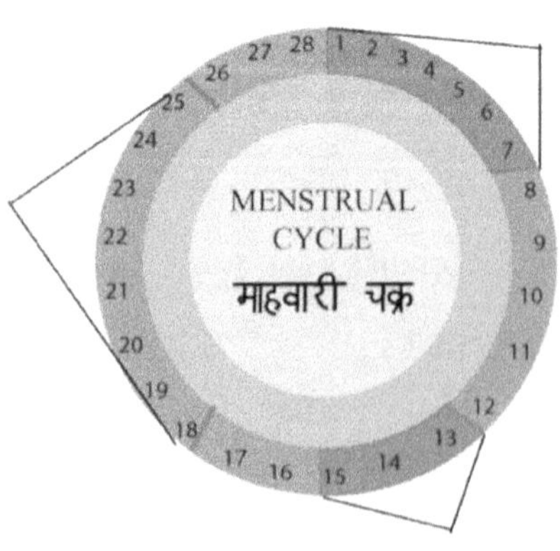

**iii)-पुरुष जननांगों के नाम लिखिए -**

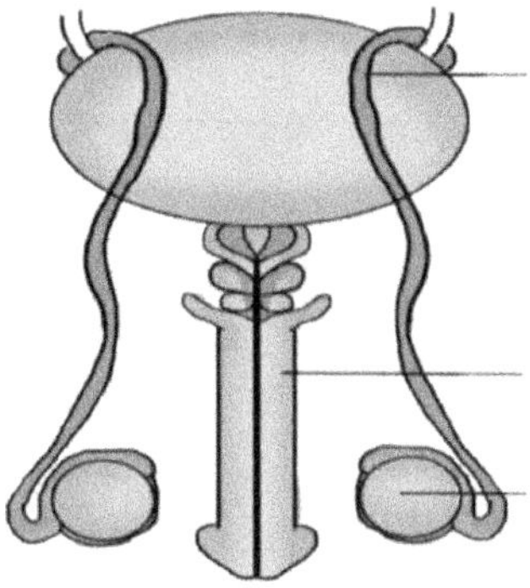

**5-अगर आप का पीरियड्स 14 मई को आया था और आपके पीरियड्स की अवधि 28 दिन की है तो अगले माह आपको पीरियड्स कब आएगा? नीचें दिए गए जून के कैलंडर में सही तारीख पर निशान लगाएं-**

मई 2017

| रवि | सोम | मंगल | बुध | गुरु | शुक्र | शनि |
|---|---|---|---|---|---|---|
| | | | | 1 | 2 | 3 |
| 4 | 5 | 6 | 7 | 8 | 9 | 10 |
| 11 | 12 | 13 | 14 | 15 | 16 | 17 |
| 18 | 19 | 20 | 21 | 22 | 23 | 24 |
| 25 | 26 | 27 | 28 | 29 | 30 | 31 |

**जून 2017**

| रवि | सोम | मंगल | बुध | गुरु | शुक्र | शनि |
|---|---|---|---|---|---|---|
| 1 | 2 | 3 | 4 | 5 | 6 | 7 |
| 8 | 9 | 10 | 11 | 12 | 13 | 14 |
| 15 | 16 | 17 | 18 | 19 | 20 | 21 |
| 22 | 23 | 24 | 25 | 26 | 27 | 28 |
| 29 | 30 | | | | | |

**6- निम्नलिखित प्रश्नों के छोटे उत्तर दीजिए-**

**i)**-क्या आपको माहवारी होती है? यदि हाँ तो क्या आपको इसके बारे में पहले से पता था?

..........................................................................................................................

..........................................................................................................................

..........................................................................................................................

..........................................................................................................................

..........................................................................................................................

..........................................................................................................................

**ii)**-आपको माहवारी की जानकारी सबसे पहले किससे या कहाँ मिली?

..............................................................................................................................

..............................................................................................................................

..............................................................................................................................

..............................................................................................................................

..............................................................................................................................

..............................................................................................................................

..............................................................................................................................

# माहवारी के दौरान सही इंतज़ाम और बरती जाने वाली सावधानियाँ

**प्रिया**- मैडम जब हमारी उंगलियों में चोट लगती तो मम्मी हमें बहते खून को रोकने के लिए कॉटन या कपड़ा देती हैं। क्या पीरियड्स के दौरान भी हमें खून सुखाने के लिए कोई उपाय करना होता है?

**रजनी**- बहुत ही अच्छा प्रश्न है प्रिया। हाँ, पीरियड्स के दौरान योनि से बहते हुए खून को सोखने के लिए हमें कपड़ा या सैनिटरी नैपकिन (पैड) का इस्तेमाल करना चाहिए।

**रिंकी**- यह हमें कहाँ मिलेगा?

**रजनी**-सैनिटरी पैड आपको किसी भी मेडिकल स्टोर (दवाई की दुकान) या प्रोविजनल स्टोर पर आसानी से मिल सकता है। या आप घर में रखे साफ सूती का कपड़ा का भी उपयोग कर सकती हैं।

**प्रिया**-परन्तु मैडम सैनिटरी पैड/ नैपकिन या घर के कपड़े से बने पैड का उपयोग कैसे करते हैं?

**रजनी-बच्चों, यदि आप सैनिटरी पैड का उपयोग कर रही हैं तो आपको निम्न बातों का ध्यान रखना चाहिए-**

- सैनिटरी पैड एक लम्बी चपटी गद्दी की तरह होती है जिसे हम अंडरवियर में कुछ इस तरह से लगाते हैं कि पैड के बीच का सोखने वाला हिस्सा पूरी तरह से योनि के मुख को ढक ले, इस तरह यह योनि से निकलने वाले खून को आसानी से सोख लेगा और अंडरवियर में खून का दाग नहीं लगेगा।

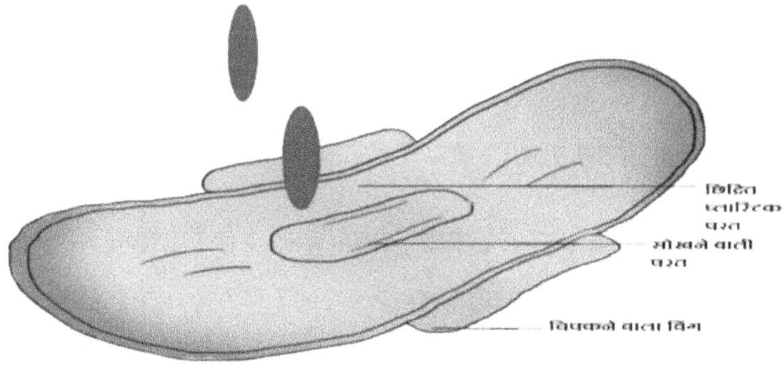


***चित्र 1-बाज़ार में मिलने वाला सैनिटरी नैपकिन या पैड***

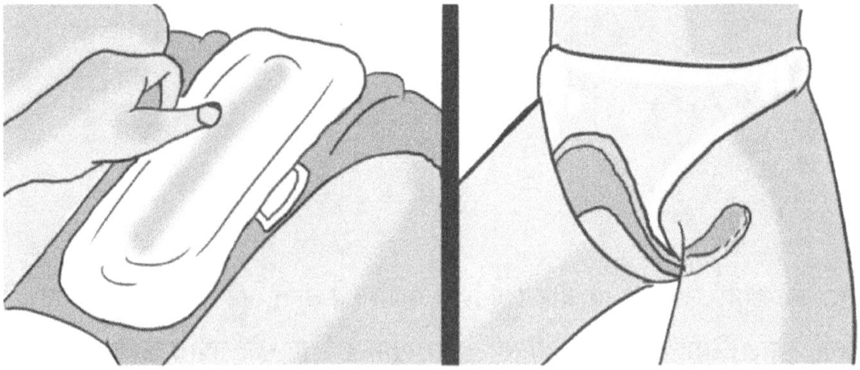

*चित्र 2- सैनिटरी नैपकिन या पैड लगाने की विधि*

- सैनिटरी नैपकिन को जब पहली बार उपयोग कर रहें हो तो उस पर दिए गए निर्देश को जरुर पढ़ लें।

**यदि आप कपड़े से बने पैड का उपयोग कर रही हैं तो उसे भी सैनिटरी नैपकिन/पैड की ही तरह लगाना चाहिए। इसके लिए आप-**

- एक साफ सूती कपड़ा लें उसे लम्बाई में दो बार मोड़कर लम्बा आयताकार बना लें और इस्तेमाल करें।

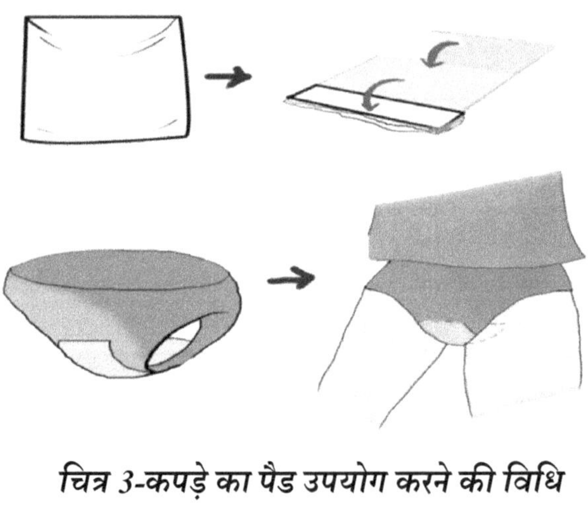

*चित्र 3-कपड़े का पैड उपयोग करने की विधि*

- और यदि उस कपड़े को फिर से उपयोग करना है तो उसे इस्तेमाल करने के पहले एवं बाद में साबुन, डेटॉल वाले पानी से अच्छी तरह से धुलकर धूप में अच्छी तरह से सुखाने के बाद ही दोबारा उपयोग में लाना चाहिए। तेज धूप में कपड़े को सुखाने से कपड़े में मौजूद कीटाणु मर जाते हैं।

**और हाँ बच्चों सैनिटरी नैपकिन या कपड़े के पैड  उपयोग करने से पहले एवं बाद में हाथ को साबुन से अच्छी  तरह धुलना चाहिए।**

**शबीना**- मैडम क्या हम सैनिटरी नैपकिन को भी धुल कर दोबारा उपयोग कर सकते हैं?

**रजनी**- नहीं, शबीना बाज़ार में मिलने वाले सैनिटरी पैड को हम बस एक बार उपयोग कर सकते हैं।

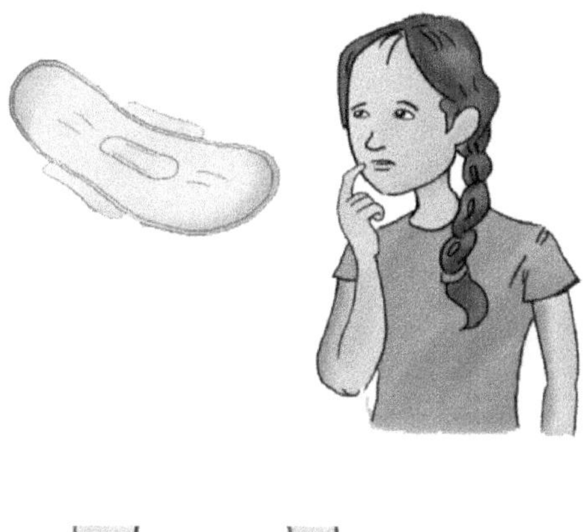

**प्रिया**—मैडम, क्या एक कपड़ा या सैनिटरी पैड दिनभर उपयोग करने से ख़राब नहीं होता है?

**रजनी**- बहुत अच्छा सवाल प्रिया।

दिन में हर 6 घंटे पर एवं रात में सोने से पहले पैड या कपड़े को बदलते रहना चाहिए नहीं तो इन्फेक्शन होने का खतरा बना रहता है ।

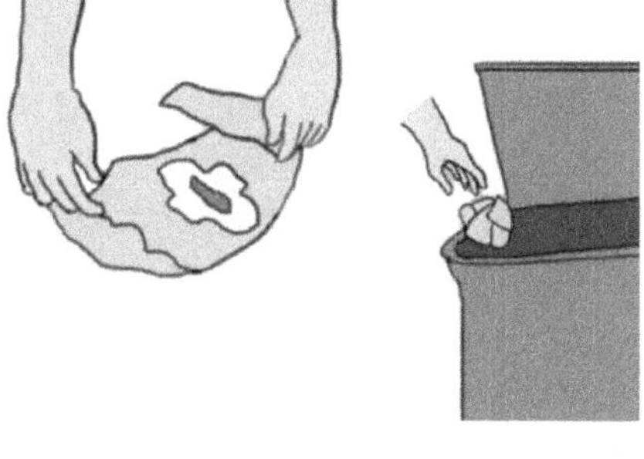

**रिंकी**- मैडम सैनिटरी नैपकिन का इस्तेमाल हो जाए तो उसका क्या करें?

**रजनी**-इस्तेमाल किये हुए पैड या कपड़े को पुराने कागज या अख़बार में लपेटकर कर कूड़ेदान में

डाल कर कूड़ेदान को ढक देना चाहिए। इससे किसी भी तरह की बदबू या बीमारियां नहीं फैलेंगी। पैड या कपड़े को कूड़ेदान में फेंकने के बाद हाथ को अच्छी तरह से साबुन से धुल लेना चाहिए।

**सुनीता**- मैडम क्या हम टॉयलेट में भी पैड को फेंक सकते हैं?

**रजनी**-नहीं सुनीता कभी भी पैड को टॉयलेट में नहीं बहाना चाहिए। क्योंकि पैड टॉयलेट की पाइप में फंस कर उसे जाम कर सकता है और गन्दा पानी बाहर आ सकता है।

**सुनीता**- मैडम **टैम्पोन** क्या होता है? मैंने एक पत्रिका में इसका विज्ञापन देखा था पर मुझे ज्यादा कुछ समझ नहीं आया।

**रजनी**- टैम्पोन कम्प्रेस्ड कॉटन का बना हुआ होता है इसका आकार एक पतले ट्यूब जैसा होता और इसके एक सिरे पर धागा जुड़ा रहता है जिसकी मदद से इसे बाहर निकाल सकते हैं। टैम्पोन को योनि के अंदर डाल कर इस्तेमाल करते हैं इसी वजह से यह ज्यादा सुविधाजनक होता है। आप टैम्पोन बॉक्स पर दिए हुए सचित्र निर्देशों का पालन करके इसका उपयोग आसानी से कर सकती हैं।

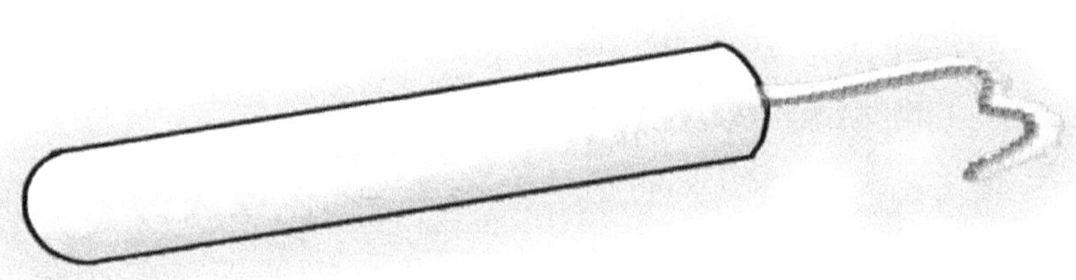

***चित्र 4- टैम्पोन***

**शबीना**- मैडम पैड की तरह क्या टैम्पोन को भी निश्चित समय पर बदलना चाहिए?

**रजनी**-हाँ बच्चो, टैम्पोन को कभी भी 8 घंटे से ज्यादा नहीं छोड़ना चाहिए नहीं तो संक्रमण का खतरा रहता है।

**सुनीता**- मैडम क्या यह कपड़े और पैड से बेहतर होता है?

**रजनी**- कह सकती हो क्योंकि आप इसे तैरते समय, सोते समय या खेलकूद के दौरान भी पहन सकती हैं, यह बहुत आरामदायक होता है।

**रिंकी**- मैडम क्या टैम्पोन को दुबारा उपयोग कर सकते हैं?

**रजनी**- नहीं रिंकी।

**रीता**- मैडम इसे फेंकते कैसे हैं?

**रजनी**- बच्चों उपयोग के बाद टैम्पोन को अख़बार में लपेटकर कूड़ेदान में फेंक देना चाहिए।

**प्रिया**- मैडम क्या यह पैड से महंगा होता है?

**रजनी**- नहीं, टैम्पोन और पैड की कीमत में बहुत ज्यादा अंतर नहीं होता है। पैड और टैम्पोन के आलवा माहवारी के समय मेन्स्त्रुअल कप का भी इस्तेमाल किया जाता है।

**मेन्स्त्रुअल कप या मासिक धर्म कप (Menstrual cup)** मुलायम और मेडिकल ग्रेड मेटेरियल जैसे सिलिकॉन का बना होता है।

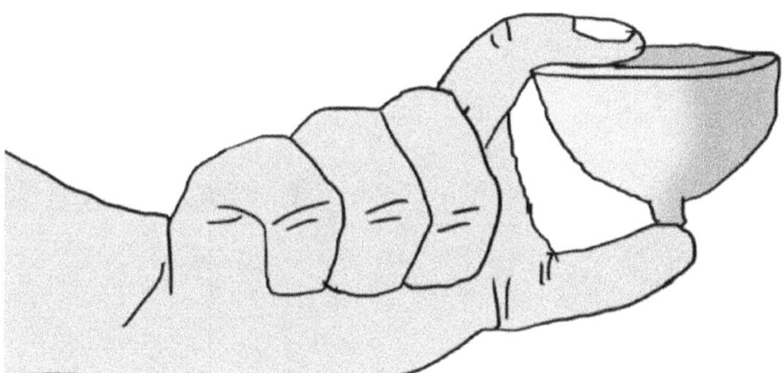

***चित्र 5-मेन्स्त्रुअल कप या मासिक धर्म कप***

इसे हम योनि के अन्दर डाल कर प्रयोग करते हैं और यह योनि से बहने वाले माहवारी के खून को इकट्ठा कर लेता है। जब यह भर जाता है तो इसे बाहर निकाल कर पानी से धोकर दुबारा प्रयोग कर सकते हैं पीरियड्स खतम हो जाने पर इस कप को साफ करके पानी में उबाल कर जीवाणु रहित करके रख लेते हैं। एक कप को आप लगभग 8 वर्ष तक इस्तेमाल कर सकती हैं। इसे तैरते समय, सोते समय या खेलकूद के दौरान भी पहन सकती हैं। यह भी बहुत आरामदायक होता है। चूंकि इसे दुबारा भी इस्तेमाल कर सकते है इसलिए यह पर्यावरण को नुकसान नहीं पहुंचाता है।

**रीता**- मैडम टैम्पोन और मेन्स्त्रुअल कप हमें कहा मिलेगा?

**रजनी**- यह आपको दवा की दुकानों पर मिल जाएगा।

**प्रिया**-मैडम अगर हमें स्कूल में पीरियड्स आ जाए या फिर घर से बाहर किसी जगह आ जाए तो हम क्या करेंगे?

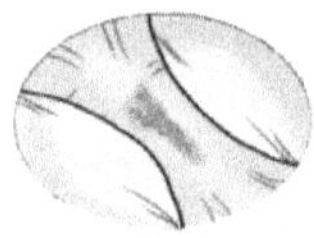

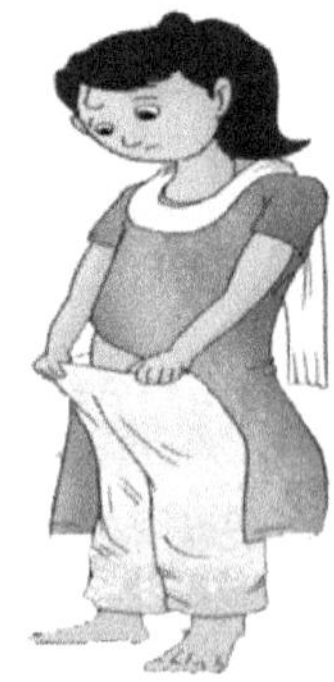

**रजनी**-बच्चों मैंने आपको अगले पीरियड्स की तारीख गिनना सिखाया था तो जब आपके पीरियड्स की तारीख नजदीक हो, आप अपने स्कूल बैग में एक पैड या साफ़ सूती कपड़े का पैड जरुर रखें। यदि अचानक से स्कूल में पीरियड शुरू हो जाए और आपके पास पैड न हो तो टीचर या अपने किसी दोस्त की मदद लें।

**प्रिया**- मैडम क्या पीरियड्स में हमें अपने शरीर की भी सफाई रखनी चाहिए।

**रजनी**-हाँ बच्चों पीरियड्स के दौरान-

- हमें रोज नहाना चाहिए

- अपने कपड़े विशेषकर अंडरवियर अच्छी तरह से धुलने चाहिये

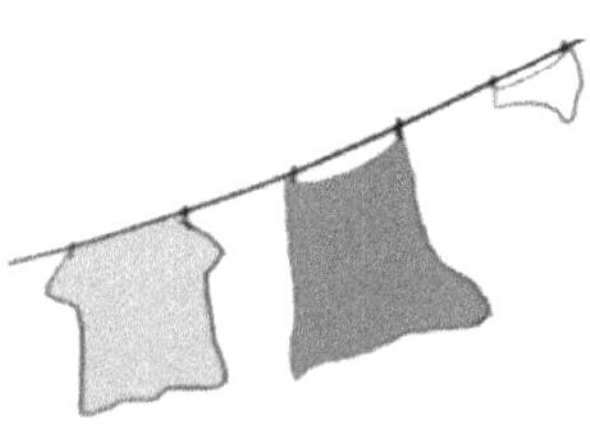

- हर 6 घंटे पर पैड/कपड़ा और 8 घंटे पर टैम्पोन को बदलते रहना चाहिए

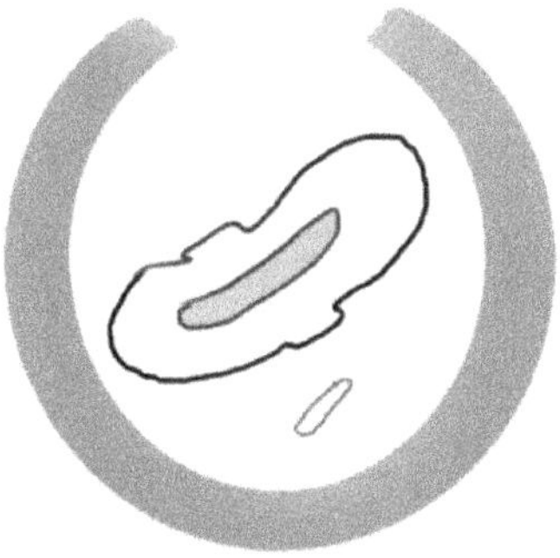

- टॉयलेट जाने के बाद अपने जननांग वाले हिस्से को पानी से अच्छी तरह से साफ़ करना चाहिए और उस हिस्से को टॉवल से सुखा लेना चाहिए,

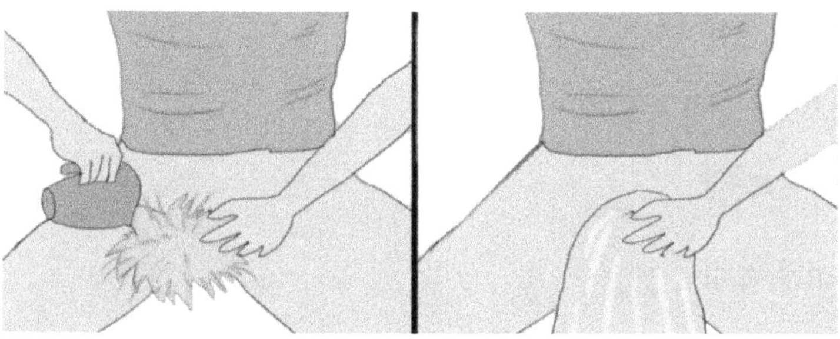

- योनि के अन्दर कभी साबुन आदि डाल कर नहीं धोना चाहिए क्योंकि योनि अपने आप को खुद साफ़ एवं संतुलित रखती है।

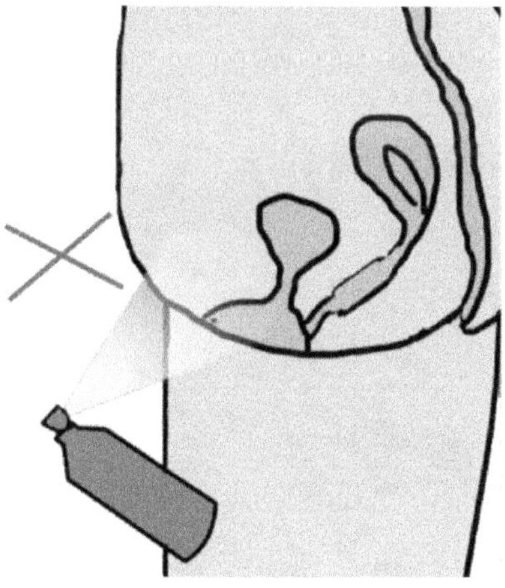

**रीता**- मैडम मेरा पीरियड्स एक साल पहले शुरू हुआ है पर कभी-कभी एक दो महीने तक नहीं आता है। ऐसा क्यों हो रहा है? क्या मुझे भी डॉक्टर को दिखाना चाहिए?

**रजनी**- नहीं रीता तुम्हे कोई समस्या नहीं है। तुम्हारा पीरियड्स अभी-अभी शरू हुआ है, तुम्हारे शरीर को इस नई प्रक्रिया के अनुसार ढलने में कुछ समय लगेगा। शुरुआत के एक दो साल तक तुम्हारे पीरियड्स अनियमित हो सकते हैं।

**रीता**– मैडम मुझे पीरियड्स के दौरान पेट में दर्द क्यों होता है?

**रजनी**-अधिकतर लड़कियों को पेट के निचले हिस्से में माहवारी के दौरान दर्द या ऐंठन महसूस हो सकता है। खून को योनि से बाहर निकालने के लिए गर्भाशय सिकुड़ता है, जिसकी वजह से कुछ लड़कियों को दर्द होता है। यह सामान्य बात है। लेकिन बहुत तेज, असहनीय दर्द होने पर डॉक्टर को दिखाना जरूरी होता है। कुछ लड़कियों को पीरियड्स के दौरान चेहरे पर मुंहासे भी आते हैं, सिर दर्द हो सकता है, व्यवहार में भी परिवर्तन हो सकता है।

**रिंकी**-मैडम क्या इन परेशानियों से बचने का कोई उपाय नहीं है?

**रजनी**-क्यों नहीं, हम ये उपाय कर सकते हैं-

- सुबह आधा घंटा तेज़ रफ़्तार से चलो।

- भुजंग आसन, तितली आसन और बालासन में पाँच बार गहरी साँस लो।

भुजंग आसन　　　　तितली आसन　　　　बालासन

- पेट दर्द होने पर पेट के निचले भाग को गर्म पानी की थैली से सेंको

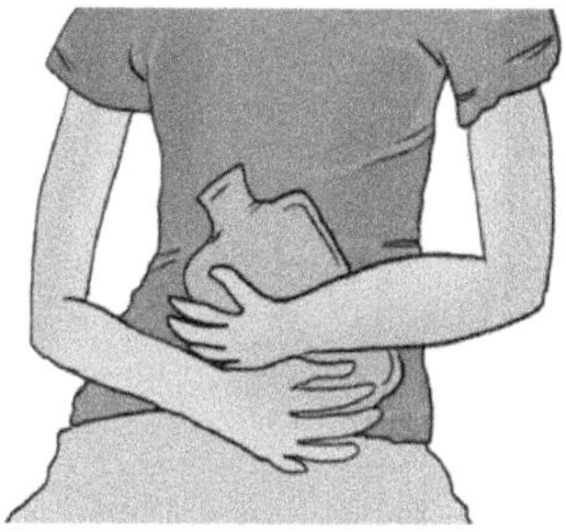

- ढेर सारा पानी पियो।

- भरपूर नींद लो।

- और सबसे जरुरी बात खाने पर विशेष ध्यान दो। खासकर आयरन और विटामिन-सी युक्त भोजन अवश्य करो।

विटामिन सी

आयरन

- एक विशेष बात अगर इन उपायों को करने से भी तकलीफ कम नहीं हो रही तो आपको डॉक्टर को दिखाना चाहिए।

**पिंकी**-परन्तु मैडम मुझे तो पीरियड्स आने के 2-3 दिन पहले से ही सरदर्द और कमर दर्द होने लगता है और पीरियड्स के आते ही ये दर्द गायब हो जाता है। मुझे कोई परेशानी तो नहीं है न?

**रजनी**- नहीं पिंकी तुमको कोई परेशानी नहीं है। कुछ लड़कियों को माहवारी के कुछ दिन पहले से ही तकलीफ होने लगती है।जैसे-

- सर दर्द
- पीठ दर्द
- कमर दर्द
- जोड़ों का दर्द
- पेट के निचले हिस्से में दर्द
- स्तनों का फूलना और दर्द करना
- थकावट होना

माहवारी शुरू होने पर ये लक्षण गायब हो जाते हैं।

**रीता**-मैडम क्या हमें पीरियड्स के समय दर्द की दवा लेनी चाहिए?

**रजनी**-वैसे तो दवा से बचना चाहिए पर अगर दर्द बहुत अधिक हो तो डॉक्टर की सलाह से लिया जा सकता है।

# आपने क्या सीखा?

**1-निम्नलिखित प्रश्न के सही उत्तर चुनें-**

i)-माहवारी के दौरान सैनिटरी नैपकिन/पैड या कपड़े को कितने घंटे पर बदलते रहना चाहिए?

अ-12 घंटे [ ]   ब- 24 घंटे [ ]

स- 6 घंटे [ ]   द- 1 घंटे [ ]

**2-निम्नलिखित प्रश्नों में सही या गलत पर निशान लगाएं-**

i)-पीरियड्स में इस्तेमाल किये गए कपड़े को दोबारा बिना धुले इस्तेमाल किया जा सकता है। **सही/गलत**

ii)-सैनिटरी नैपकिन/पैड को भी कपड़े की तरह दुबारा इस्तेमाल किया जा सकता है। **सही/गलत**

iii)-पीरियड्स के दौरान हमें नहाना नहीं चाहिए। **सही/गलत**

iv)-पीरियड्स शुरु होने के 1-2 साल तक पीरियड्स अनियमित हो सकता है, यह सामान्य बात है। **सही/गलत**

v)-माहवारी के दिनों में पौष्टिक आहार खासकर आयरन और विटामिन-सी युक्त भोजन अवश्य करना चाहिए। **सही/ गलत**

**3-रिक्त स्थानों की पूर्ति कीजिए-**

i)-.......................................... और ..............................................को योनि के अंदर डाल कर इस्तेमाल किया जाता है, इसीलिए यह ज्यादा सुविधाजनक होता है

**4-नीचे दिए हुए चित्रों को पहचान कर उसका नाम लिखिए-**

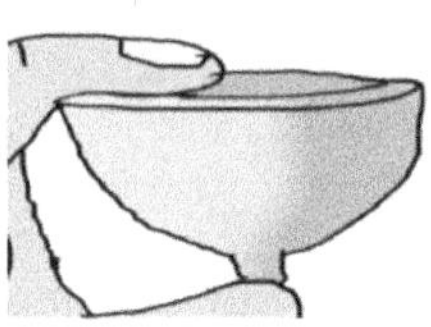
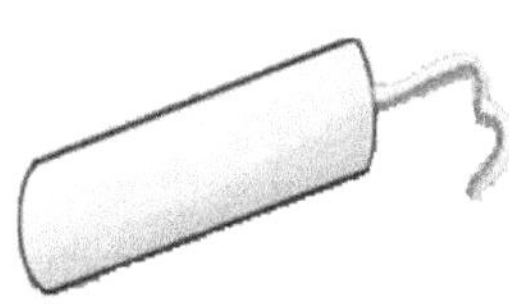

1. .............................   2. .............................   3. .............................

**5-यदि आपका पीरियड्स शुरू हो गया है तो आप पीरियड्स के दौरान इस्तेमाल क्या करती हैं?**

1. सूती कपड़े का पैड ☐
2. सैनिटरी पैड ☐
3. टैम्पोन ☐
4. मेन्स्ट्रुअल कप ☐

**6-निम्नलिखित प्रश्नों के छोटे उत्तर दीजिए-**

i)-घर के बने कपड़े के पैड को दुबारा इस्तेमाल करने से पहले क्या सावधानी बरतनी चाहिए?

.....................................................................................................................

.....................................................................................................................

.....................................................................................................................

.....................................................................................................................

.....................................................................................................................

.....................................................................................................................

.....................................................................................................................

ii)-सैनिटरी नैपकिन/पैड या कपड़े के इस्तेमाल के बाद आप उसका क्या करेंगी?

.....................................................................................................................

.....................................................................................................................

.....................................................................................................................

.....................................................................................................................

.....................................................................................................................

.....................................................................................................................

.....................................................................................................................

iii)-पीरियड्स के दौरान पेट दर्द, मुंहासे इत्यादि से बचने के उपाय लिखिए-

.....................................................................................................................

.....................................................................................................................

.....................................................................................................................

..................................................................................................................................

..................................................................................................................................

..................................................................................................................................

..................................................................................................................................

iv)-यदि आपको माहवारी स्कूल में या घर से बाहर कहीं आ जाए तो आप क्या करेंगी?

..................................................................................................................................

..................................................................................................................................

..................................................................................................................................

..................................................................................................................................

..................................................................................................................................

..................................................................................................................................

..................................................................................................................................

..................................................................................................................................

# माहवारी से जुड़ी गलत धारणाएं

**शबीना**-मैडम क्या माहवारी का खून गन्दा होता है?

**रजनी**-नहीं शबीना, माहवारी का खून न तो गन्दा होता है और न ही दूषित करने वाला। बल्कि आधुनिक चिकित्सा विज्ञान में माहवारी का खून कई रोगों के इलाज़ में भी काम आता है। जैसे-स्टेम सेल थेरेपी, एल्जाइमर्स, स्ट्रोक के उपचार इत्यादि।

**रीता**-मैडम अगर यह गन्दा नहीं होता तो इससे बदबू क्यों आती है?

**रजनी**- बच्चों, माहवारी में जो खून बहता है वह हमारे शरीर का ही खून होता है। माहवारी में जो खून निकलता है वह बदबू नहीं करता, परन्तु जब वह पैड/कपड़े और हवा के संपर्क में आता है तो कई प्रकार की रासायनिक क्रियाएँ होती हैं जिसकी वजह से बदबू आती है। इसीलिए मैंने कहा था कि हर 6 घंटे पर पैड या कपड़ा अवश्य बदल लें।

**प्रिया**-मैडम क्या पीरियड्स में हमारे खून का रंग नीला हो जाता है?

**रजनी**- नहीं प्रिया ऐसा तो नहीं है।

**प्रिया**-तो विज्ञापन में पैड पर नीला रंग क्यों दिखाते हैं?

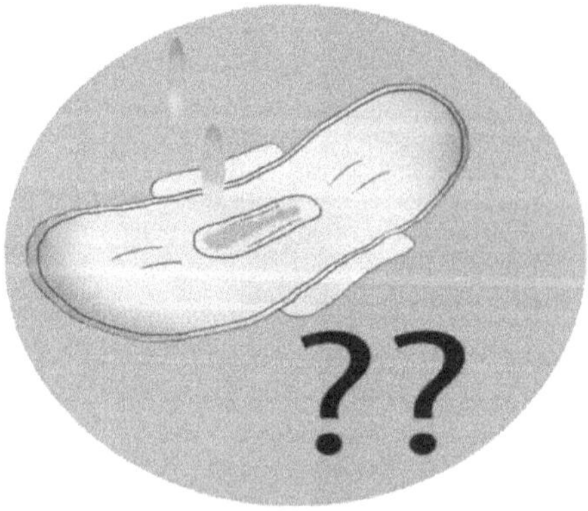

**रजनी**-बच्चों पीरियड्स या माहवारी को हमारे समाज में बहुत ही छुपा कर रखा जाता है और इसे शर्म से जोड़ दिया गया है जो कि ठीक नहीं है, विज्ञापन में लाल रंग नहीं दिखाने का भी यही कारण है।

**पिंकी**- मैडम आपने बताया कि पीरियड्स में हमें रोज नहाना चाहिए पर मेरी माँ तो मना करती है, खासकर बाल धुलने की मनाही होती है, बोलती हैं कि उस दौरान हमारे शरीर का तापमान बढ़ जाता है इसीलिए सिर्फ हाथ-पैर पोछने को बोलती हैं।

**रजनी**- बच्चों यह सच है कि पीरियड्स के दौरान हमारे शरीर का तापमान बढ़ता है परन्तु सिर्फ 0.5 डिग्री सेल्सियस। बहुत ही ठन्डे पानी से नहीं परन्तु हल्के गुनगुने पानी से पीरियड्स के दौरान नहाया जा सकता है और बाल भी धुला जा सकता है।

**पिंकी**-मैडम पीरियड्स के दौरान क्या हम अपवित्र रहते हैं? क्योंकि माँ मुझे उस दौरान पूजा करने से मना करती है।

**शबीना**-हाँ मैडम, मैं भी पीरियड्स के दौरान न तो नमाज़ पढ़ती हूँ, न ही नहाती हूँ। अम्मी मना करती हैं।

**सुनीता**-मैडम मुझे तो जमीन पर सोना पड़ता है, अलग थाली में खाना मिलता है, और पूजा पाठ या रसोई घर के बारे में तो सोचना भी मना है।

**माहवारी के दौरान समाज में प्रचलित सामाजिक और धार्मिक पाबंदियाँ**

**रीता**-मेरे यहाँ तो इन सब के अलावा श्रृंगार का सामान, अचार, और तुलसी का पौधा तक छूने नहीं दिया जाता।

**प्रिया**-अच्छा, अब समझ आया कि मेरी मम्मी महीने में तीन दिन पूजा का कोई भी कार्य क्यों नहीं करतीं हैं?

**रजनी-बच्चों, मै भी एक स्त्री हूँ, मुझे भी हर माह माहवारी आती है। परन्तु मैं इस दौरान हर काम करती हूँ, जैसे मंदिर जाना, प्रार्थना, पूजा व धार्मिक कार्य करना, अचार छूना और खाना बनाना इत्यादि। यह एक अन्धविश्वास है कि महावरी के दौरान पूजा, प्रार्थना करने से हमें पाप लगेगा। आप खुद ही सोचिए भगवान ने हम सभी को बनाया है और हम स्त्रियां ही बच्चे पैदा कर सकती हैं तो हम अपवित्र कैसे हो सकते हैं। अतः अगली बार जब आपको माहवारी**

**आये तो आप ये कार्य खुद करके देखिएगा और अपने अनुभवों को अपने दोस्तों से साझा कीजिएगा।**

**पीरियड्स या माहवारी के दौरान-**

- पूजा करके देखें
- नमाज़ पढ़ के देखें
- मंदिर जाकर देखें
- धार्मिक कार्य कर के देखें
- अचार छूकर देखें
- तुलसी के पौधे को छूकर देखें
- घर में आई नयी वस्तु को छूकर देखें
- खट्टा खा कर देखें
- पुरुष मित्रों के साथ खेल कर देखें
- श्रृंगार की वस्तु छू कर देखें

**रजनी- बच्चों, पीरियड्स या माहवारी एक महत्वपूर्ण प्राकृतिक प्रक्रिया है। हम इस दौरान पूजा-पाठ सहित हर वो काम कर सकते हैं जो हम रोज करते हैं।**

**माहवारी से जुड़ी हुई कुछ और गलत धारणाएं भी समाज में प्रचलित है जैसे-**

- जब लड़की को पहली माहवारी होती है तो उससे खाट की ढाई रस्सी काटने को कहते हैं और ढाई उपले तोड़ने को कहते हैं ताकि उसकी माहवारी सिर्फ ढाई दिनों तक ही रह सके।
- एक लड़की जिसे माहवारी हो रही हो उसे दूसरी लड़की या स्त्री को नहीं छूना चाहिए नहीं तो उसे भी माहवारी शुरू हो जाएगी।
- माहवारी के दौरान लड़के या पुरुष से बात करना या छूना भी गलत माना जाता है।
- माहवारी के दौरान लड़की या स्त्री के बाल का पानी अगर किसी बच्चे पर गिर गया तो उस बच्चे का सही से विकास नहीं हो पाएगा।
- प्रसव के बाद जब स्त्री को बारह दिन कमरे में रखते हैं तो उस कमरे में किसी ऐसी लड़की या महिला को नहीं जाना चाहिये जिसे माहवारी हो रही हो नहीं तो उस स्त्री को दूध आना बंद हो जाएगा और उसकी माहवारी भी शुरू हो जाएगी।
- उपयोग हुए पैड को जलाना नहीं चाहिए नहीं तो उस लड़की या स्त्री की माहवारी बंद हो जाएगी और वह कभी गर्भवती नहीं हो पाएगी।

**पिंकी -** मैडम आपने कहा था कि माहवारी के दौरान कपड़े को धुल कर धूप में फैलाना चाहिए। पर मेरी मम्मी मुझे खुले में कपड़ा नहीं फ़ैलाने देती जिसकी वजह से मुझे बारिश और ठण्ड के दिनों में गीला कपड़ा ही उपयोग करना पड़ता है।

**रजनी-** बच्चों, बहुत सारे घरों में माहवारी के कपड़े को खुले में सुखाने की मनाही होती है। यह बहुत ही गलत है क्योंकि अच्छे से धूप में सुखाया हुआ कपड़ा ही पूरी तरह से साफ होता है।

**रिंकी-** मैडम क्या हमें पीरियड्स की जानकारी पहले से होनी चाहिये?

**रजनी-**हाँ रिंकी! माता-पिता को अपने बच्चों को पीरियड्स की जानकारी शुरू से ही देनी चाहिए। ताकि हमारे लिए पीरियड्स या माहवारी सामान्य बात रहे। कभी-कभी अभिभावक शर्म की वजह से अपने बच्चों को पीरियड्स की जानकारी नहीं देते और जब पीरियड्स शुरू होता है तो लड़कियों को लगता है कि उनके साथ कोई दुर्घटना हो गई और वे बहुत डर जाती हैं।

**शबीना-** मैडम क्या हमारे पापा भी हमें पीरियड्स की जानकारी दे सकते हैं या फिर क्या हम भी उनसे इस विषय पर बात कर सकते हैं?

**रजनी-**क्यों नहीं दे सकते शबीना! अक्सर यह कहा जाता है कि माहवारी लड़कियों की समस्या है और यह सिर्फ लड़कियों की बातें हैं। आप इससे जुड़ी बात किसी के साथ भी कर सकती हैं चाहे वो

आपका भाई हो पिता हो या कोई दोस्त ही क्यों न हो। घरों में भाई और पिता से माहवारी को छिपाने से अक्सर लड़कियों के सामने कई तरह की समस्याएँ आती हैं।

जूही अपने मम्मी और पापा के साथ रहती थी। जूही की मम्मी दूसरे शहर में नौकरी करती थी जिसकी वजह से जूही अपने पापा के साथ ज्यादा समय रहती थी। हालांकि जूही को उसके होने वाले पीरियड्स के बारे में उसकी मम्मी ने पहले से बताया था पर जब जूही को पीरियड्स शुरू हुआ तब उसकी मम्मी उसके साथ नहीं थीं और उस समय उसके पापा ने ही उसे पीरियड्स से जुड़ी सभी प्रकार की जानकारियाँ दी।

**रीता-** मैडम क्या लड़कों को भी पीरियड्स की जानकारी देनी चाहिए?

**रजनी-** अवश्य देनी चाहिए रीता! अभिभावकों को लड़का और लड़की दोनों को ही पीरियड्स की जानकारी शुरू से देनी  चाहिए।

**पिंकी**- मैडम माहवारी शुरू होने के बाद क्या लड़कों के साथ खेलना भी नहीं चाहिए? मेरे पापा-मम्मी मुझे अब  लड़कों के साथ खेलने को मना करते हैं, और यदि मै खेलती हूँ तो मुझे डाँटने लगते हैं और कहते हैं कि तुम सिर्फ लड़कियों के साथ ही खेला करो।

**रजनी**- क्यों नहीं खेल सकती हो पिंकी।  माहवारी होने से हमें अपने दोस्त बदलने की जरुरत नहीं है।

**सुनीता**- मैडम पीरियड्स में खून के बहने से क्या हमें एनीमिया हो सकता है?

**रजनी**- नहीं सुनीता! पीरियड्स के दौरान हमारे शरीर का सिर्फ तीन चम्मच खून बहता है, हाँ अगर इससे ज्यादा खून बहे तब जरुर हमें डॉक्टर से संपर्क करना चाहिए।

रजिया आजकल न तो बैडमिंटन खेलती है और न ही उसका पढाई में मन लगता है, अक्सर वह बहुत परेशान और खोयी-खोयी दिखती है। शबीना ने सोचा कि आज स्कूल की छुट्टी के बाद उससे जरुर बात करेगी कि क्या परेशानी है?

शबीना-रजिया आज छुट्टी में थोड़ी देर रुकना हम आइसक्रीम खाकर घर जायेंगे।  प्लीज मना मत करना।

रजिया-ठीक है।

छुट्टी के बाद आइसक्रीम खाते हुए-

शबीना-क्या हो गया है तुझे आजकल यार! तू तो खेल और पढ़ाई में भी कितनी अव्वल है। तेरा ध्यान कहाँ है आजकल?

रजिया-(मेरे कान में धीरे से) मुझे पीरियड्स शुरू हो गया है।

शबीना- अरे वाह! इतनी ख़ुशी की बात और कान में बता रही है। मुबारक हो!

रजिया-क्या अच्छी बात यार? मुझे तो कुछ भी अच्छा नहीं लगता।

शबीना- क्यों क्या हुआ?

रजिया- यार जब से पीरियड्स शुरू हुआ है, मेरे घर वाले मेरे साथ अजीब व्यवहार करने लगे हैं, जैसे- अलग कमरे में सोओ, नमाज़ मत पढ़ो यहाँ तक की शाम में आरिफ के साथ खेलना भी मना हो गया है। मुझे बिल्कुल अच्छा नहीं लगता।

शबीना- ये तो बहुत गलत बात है यार। पीरियड्स शुरू होने के बाद भी हम पहले की तरह रह सकते हैं।

रजिया- हाँ, जब मैं कुछ बोलती तो माँ मुझे डांट देती हैं।

शबीना- तू परेशान मत हो। मेरे पास माहवारी के बारे में एक किताब है, "माहवारी स्वास्थ्य- आओ अपने शरीर को जाने" तुम यह किताब लो खुद भी पढ़ो और घर वालों को भी पढ़ने को कहो। देखना इसे पढ़ कर तेरी परेशानी जरुर दूर हो जाएगी।

# आपने क्या सीखा?

**1-निम्नलिखित प्रश्नों में सही या गलत पर निशान लगाएं-**

i)-माहवारी का खून गन्दा होता है। **सही/गलत**

ii)-माहवारी के दिनों में हम अपवित्र होते हैं। **सही/गलत**

iii)-माहवारी में जो खून निकलता है, वह पैड/कपड़े और हवा के संपर्क में आनें की वजह से बदबू करता है। **सही/गलत**

iv)-माहवारी शुरू हो जाने के बाद लड़कियों को लड़कों से बात नहीं करनी चाहिए अन्यथा वो गर्भवती हो जाएंगी। **सही/गलत**

v)-हमें माहवारी के दौरान मंदिर/मस्जिद/गुरुद्वारा/चर्च नहीं जाना चाहिए। **सही/गलत**

vi)-हमें माहवारी के दौरान कुछ भी खट्टा नहीं खाना चाहिए नहीं तो माहवारी रुक जाएगी। **सही/गलत**

vii)-नेहा की मम्मी उसे उसके माहवारी के दिनों में जमीन पर सुलाती हैं, क्या यह सही है? **सही/गलत**

viii)-माहवारी में घर में आई किसी भी नई वस्तु या श्रृंगार का सामान छूने से कुछ नहीं होता है? **सही/गलत**

**2-पीरियड्स या माहवारी के दौरान अपनाई जाने वाली सही आदतों के सामने बॉक्स में सही और गलत आदत के सामने बॉक्स में गलत का निशान लगाएं-**

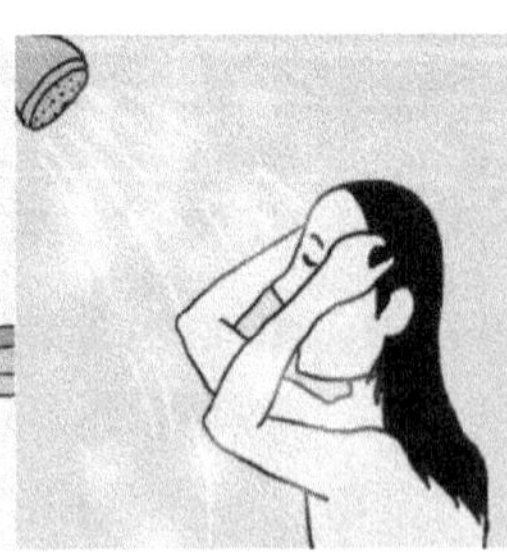

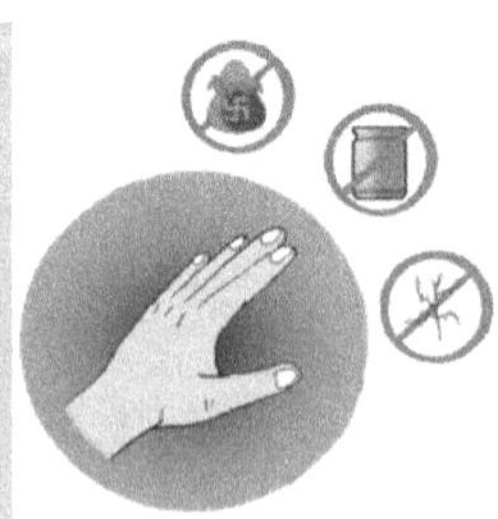

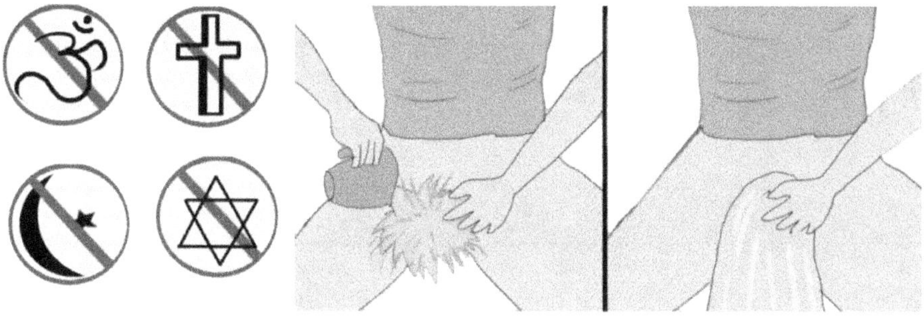

**3-निम्नलिखित प्रश्नों के छोटे उत्तर दीजिए-**

i)-आप अपने पिता के साथ कहीं घूमनें गयीं हैं और आपको अचानक पीरियड्स शुरू हो गया है आपके पास पैड या कपड़ा भी नहीं है, तो आप क्या करेंगीं?

ii)- आपकी माता की तबीयत ख़राब हो गयी है और घर में सिर्फ आप दोनों के आलावा आपकी एक छोटी बहन है, और आपकी माहवारी चल रही है, तो क्या आप अपनी माता और बहन की देखभाल और उनके लिए खाना बनानें की व्यवस्था करेंगीं?

iii)- आज आपके घर में धार्मिक उत्सव (दिवाली, रमजान, बैसाखी या क्रिसमस) है और आपकी माहवारी चल रही है। आप हर साल इसे धूमधाम से मनाती हैं जैसे पूजा करती हैं या नमाज़ या चर्च जाती हैं। इस साल आप क्या करेंगी?

..........................................................................................................................................

..........................................................................................................................................

..........................................................................................................................................

..........................................................................................................................................

..........................................................................................................................................

..........................................................................................................................................

..........................................................................................................................................

बच्चों इस तरह से प्रिया और उसकी सभी सहेलियों को पीरियड्स से जुड़ी हर तरह की जानकारी हो गई और वे इस पुस्तिका से अपनी दूसरी सहेलियों को भी जागरूक करने लगीं।

www.ingramcontent.com/pod-product-compliance
Lightning Source LLC
Chambersburg PA
CBHW080217170726
48282CB00030B/1154

* 9 7 8 9 3 9 0 4 4 7 8 9 3 *